Made in the USA
Middletown, DE
05 October 2023

40240527R00071